IA per Principianti Assoluti

Come l'Intelligenza Artificiale Sta Cambiando il Mondo — e Come Puoi Trarne Profitto

Di Joe Correa

Pubblicato da **Live Stronger Faster**

Questo libro è destinato esclusivamente a scopi educativi e informativi. L'autore e l'editore non forniscono consulenza legale, finanziaria o di altro tipo professionale. I lettori dovrebbero consultare un professionista qualificato prima di prendere qualsiasi decisione finanziaria.

Prima Edizione

Indice

Introduzione

Benvenuto in **IA per Principianti Assoluti** – il tuo primo passo essenziale nel potente, entusiasmante e rivoluzionario mondo dell'intelligenza artificiale.

Se ti sei mai sentito sopraffatto dal gergo tecnologico o hai pensato che l'IA fosse solo per programmatori o geni della Silicon Valley, questo libro è stato scritto proprio per te. Non hai bisogno di una laurea in informatica. Non devi saper programmare. Tutto ciò che ti serve è curiosità e il desiderio di crescere personalmente, professionalmente e finanziariamente nell'era dell'intelligenza artificiale.

In questo libro ti guiderò passo dopo passo attraverso:

• Che cos'è realmente l'intelligenza artificiale (spiegata in modo semplice)
• Perché l'IA non è solo una moda, ma un cambiamento permanente come Internet o l'elettricità
• Come l'IA sta già trasformando ogni settore – dalla sanità alla finanza fino al settore immobiliare
• Gli strumenti e le applicazioni che puoi iniziare a usare subito
• E, cosa più importante, come trasformare l'IA in una fonte di reddito – anche se stai iniziando da zero

Inizieremo dalle basi: i diversi tipi di intelligenza artificiale, la differenza tra **machine learning** e **deep learning**, e cosa significano realmente termini come **IA generativa**, **GPT** e **reti neurali**.

Ma non ci fermeremo alla teoria. Questo libro è ricco di modi pratici per guadagnare con l'IA — che tu sia un freelance, un imprenditore, uno studente, un genitore o semplicemente qualcuno che cerca più libertà nella propria vita.

Scoprirai come le persone comuni stanno utilizzando strumenti come:

- **ChatGPT** per scrivere contenuti, email e piani aziendali
- **Midjourney** e **DALL·E** per creare opere d'arte, loghi e contenuti per i social media
- **ElevenLabs** e **Resemble.AI** per creare audiolibri e voiceover
- **Synthesia** e **HeyGen** per produrre video senza apparire davanti alla telecamera
- **Notion AI**, **Claude** e altri strumenti per aumentare la produttività e automatizzare il lavoro

Durante il libro condividerò anche storie reali: persone che un anno fa non sapevano nulla di IA e che oggi guadagnano da **1.000 a oltre 10.000 dollari al mese** utilizzando semplici strumenti di intelligenza artificiale. Il loro successo non deriva dal fatto di essere stati pionieri, ma dal fatto che hanno **agito**.

Questo non è entusiasmo esagerato. È **opportunità**. L'intelligenza artificiale è già qui. Sta trasformando lavori, aziende ed economie — ed è solo all'inizio.

Puoi restare a guardare da spettatore, oppure imparare a sfruttare questa potenza per la tua vita e i tuoi obiettivi.

Se sei pronto a **comprendere l'IA, applicarla e guadagnarci**, sei nel posto giusto.

Iniziamo il tuo viaggio verso la padronanza dell'intelligenza artificiale — **senza alcuna esperienza precedente necessaria**.

Capitolo 1: Che Cos'è l'Intelligenza Artificiale?

L'intelligenza artificiale (IA) è un ramo dell'informatica che si concentra sulla creazione di sistemi in grado di svolgere compiti che normalmente richiedono l'intelligenza umana. Tra questi compiti ci sono la comprensione del linguaggio, il riconoscimento di schemi, la risoluzione di problemi e la capacità di prendere decisioni.

Ma non complicare troppo le cose: nella sua forma più semplice, l'IA significa semplicemente **macchine che possono "imparare" e agire in modo intelligente**. Puoi pensarla come un software che migliora nel tempo elaborando dati ed esperienza, proprio come fanno gli esseri umani quando imparano qualcosa di nuovo.

I 3 Tipi di Intelligenza Artificiale

Comprendere l'IA diventa più semplice se la suddividiamo in tre categorie:

IA ristretta (Narrow AI): è quella che utilizziamo oggi. È progettata per svolgere un compito specifico — come consigliare un film, far funzionare Alexa o scrivere un'email.

IA generale (General AI): questa IA teorica sarebbe intelligente quanto un essere umano in ogni ambito. Non esiste ancora.

Super IA (Super AI): una possibilità futura in cui le macchine diventano più intelligenti degli esseri umani. Per ora appartiene ancora alla fantascienza.

In questo momento domina l'**IA ristretta**, ed è proprio lì che si trovano **tutte le opportunità di profitto**.

Esempi nel Mondo Reale

L'IA è già ovunque intorno a te:

- Google Maps prevede il traffico usando l'IA
- Netflix consiglia programmi basandosi sulla tua cronologia di visione
- Le banche rilevano frodi analizzando i modelli di spesa
- ChatGPT scrive email, contenuti e persino codice

Se hai usato **YouTube, Uber, Amazon o Siri**, hai già utilizzato l'intelligenza artificiale. L'obiettivo ora è smettere di usarla solo come utente e **iniziare a guadagnarci**.

Come Funziona l'IA (Spiegazione Semplice)

Alla base dell'intelligenza artificiale ci sono i **dati**. I modelli di IA vengono addestrati su enormi quantità di informazioni (come miliardi di frasi o immagini). Con il tempo, questi modelli imparano a riconoscere schemi e utilizzano tali schemi per fare previsioni o creare nuovi contenuti.

I tipi più comuni di modelli di IA includono:

Machine Learning (ML) – apprende dai dati e migliora nel tempo
Deep Learning – imita il cervello umano attraverso reti neurali
IA Generativa – crea nuovi contenuti (testo, immagini, audio, ecc.)

Strumenti popolari come **ChatGPT, Midjourney e DALL·E** utilizzano proprio l'IA generativa.

Perché Questo È Importante per Te

L'IA non è solo per ingegneri o grandi aziende. In realtà, le opportunità più interessanti oggi sono disponibili per:

- Freelance che creano prodotti digitali con l'IA
- Piccoli imprenditori che automatizzano attività
- Insegnanti che trasformano le lezioni in corsi generati con l'IA
- Creatori che producono voiceover e audiolibri senza registrarsi

In breve, l'IA è il **grande equalizzatore**. Non devi essere un esperto di tecnologia per avere successo: devi solo sapere **dove applicarla e come trasformare gli strumenti di IA in reddito**.

I robot pensano?

Daniel, un insegnante di storia delle superiori di 43 anni, si fermò a metà di un sorso di caffè, sorpreso dalla curiosità della figlia di dieci anni. Alzò lo sguardo dal laptop e sorrise. Il sole del mattino entrava dalla finestra della cucina, riflettendosi sulla ciotola di cereali della bambina e sui suoi ricci ribelli.

"Beh, in un certo senso," disse. "Non come noi, ma adesso possono imparare. È questo che fa l'IA."

Aveva recentemente letto un articolo che spiegava come alcuni insegnanti stessero usando qualcosa chiamato **ChatGPT** per creare piani di lezione in pochi minuti. Per curiosità lo aveva provato quella stessa notte ed era rimasto scioccato. Scriveva riassunti delle lezioni migliori dei suoi — in pochi secondi.

Quel momento diede inizio a notti passate a esplorare tutorial su YouTube e articoli online. Termini come **machine learning**, **reti neurali** e **GPT** iniziarono a riempire la cronologia del suo browser. Daniel, che non aveva mai frequentato un corso di programmazione, si ritrovò improvvisamente immerso nel mondo dell'intelligenza artificiale — e gli piaceva.

Scoprì che esistevano tre livelli di IA. Gli strumenti che stava usando — come ChatGPT — facevano parte di qualcosa chiamato **IA ristretta**. Sistemi progettati per fare bene una sola cosa: scrivere, generare immagini o gestire chatbot per il servizio clienti. Ed erano già ovunque. Persino il suo termostato li utilizzava.

L'**IA generale**, imparò, era ancora un'idea teorica: macchine capaci di pensare e ragionare come gli esseri umani. Non esiste ancora. Poi c'era la **Super IA** — la parte fantascientifica, come nei film sui Terminator o sulle macchine autocoscienti. Affascinante, ma lontana.

Daniel iniziò a usare l'IA per rendere la sua vita più facile. Chiese a ChatGPT di creare quiz a scelta multipla. Gli fece risparmiare ore. Usò un generatore video con IA per creare animazioni per le sue lezioni. I suoi studenti le adoravano.

Poi provò qualcosa di audace: iniziò a vendere modelli di lezioni su un marketplace per insegnanti.

La parte sorprendente? **Si vendevano. Velocemente.**

Quello che prima gli richiedeva un intero weekend ora richiedeva **20 minuti con ChatGPT**. La prima settimana guadagnò 86 dollari. Il mese successivo 342. Quello dopo ancora oltre **600 dollari**.

Non stava solo usando l'IA. **Stava guadagnando grazie all'IA.**

Senza sapere programmare. Senza uscire di casa.

Una sera, mentre controllava i download e i commenti dei clienti, Mia sbirciò di nuovo sopra la sua spalla.

"È il robot che ti aiuta?" chiese.

Daniel sorrise.

"Sì," rispose. "Ma il robot non mi sostituisce. **Lavora per me.**"

Ed è in quel momento che tutto gli fu chiaro: l'IA non era qualcosa da temere. Non era una distruttrice di posti di lavoro. Era uno **strumento**, proprio come una calcolatrice o un microonde. Chi imparava a usarla poteva muoversi più velocemente, lavorare in modo più intelligente e vivere con più libertà.

Quella notte Daniel chiuse il laptop e realizzò qualcosa di profondo. Il mondo stava cambiando. Rapidamente. Ma per la prima volta nella storia, persone comuni — insegnanti, genitori, creatori, freelance — avevano accesso alla stessa tecnologia che un tempo apparteneva solo ai giganti della Silicon Valley.

Tutto quello che dovevi fare... era **iniziare**.

Capitolo 2: Gli Strumenti di Intelligenza Artificiale che Puoi Usare Oggi

Non devi essere uno sviluppatore, uno scienziato dei dati o un ingegnere per usare l'intelligenza artificiale. In realtà, gli strumenti di IA più redditizi disponibili oggi sono progettati proprio per **utenti non tecnici**. Hanno interfacce semplici e spesso funzionano come **Google Docs o Canva**. Molti sono gratuiti o a basso costo e sono costruiti per aiutarti a **creare, automatizzare e scalare**, senza bisogno di esperienza.

Pensa a questi strumenti come ai tuoi **dipendenti virtuali**: scrittori, designer, editor, doppiatori e persino consulenti aziendali.

Vediamo alcuni degli strumenti più popolari e potenti che puoi iniziare a utilizzare oggi.

Strumenti Basati sul Testo

Questi strumenti ti aiutano a generare contenuti, trovare idee, automatizzare email o persino costruire intere attività.

ChatGPT (OpenAI)

Usalo per: scrivere articoli di blog, email, descrizioni di prodotti, script, piani di lezione, testi pubblicitari e molto altro.

Potenziale di guadagno: vendere eBook, creare corsi digitali, lavorare come freelance nella scrittura, automatizzare la comunicazione con i clienti.

Claude (Anthropic)

Usalo per: riassumere documenti lunghi, scrivere contenuti legali o tecnici, o aiutarti nella ricerca.

Jasper

Usalo per: creare contenuti ottimizzati per SEO e campagne di marketing più velocemente. Ottimo per marketer e agenzie.

Strumenti di IA Visiva

Questi strumenti generano immagini, presentazioni o miniature per video — ideali per creatori di contenuti, designer e marketer.

Midjourney

Usalo per: creare splendide opere d'arte generate dall'IA per libri, corsi, poster, social media e NFT.

Potenziale di guadagno: vendere design su Etsy, creare copertine per libri KDP, offrire servizi di design.

DALL·E (OpenAI)

Usalo per: generare rapidamente illustrazioni, icone o concetti visivi.

Canva AI Tools

Usalo per: creare presentazioni, loghi e kit di brand con funzionalità di generazione immagini tramite IA.

Strumenti Audio e Voce

Perfetti per creatori di podcast, produttori di audiolibri, creatori di contenuti e chiunque voglia utilizzare la propria voce o una voce generata dall'IA.

ElevenLabs

Usalo per: trasformare qualsiasi testo in una voce naturale. Puoi clonare la tua voce o utilizzare narratori IA.
Potenziale di guadagno: creare e vendere audiolibri, corsi, pubblicità e voiceover.

Play.ht

Usalo per: generare voci per video o lezioni online.

Descript

Usalo per: registrare e modificare podcast e video tramite editing basato sul testo.

Strumenti per la Creazione di Video

Questi strumenti ti permettono di produrre contenuti video senza mai prendere una videocamera.

Synthesia

Usalo per: creare video con avatar IA per YouTube, formazione, pubblicità e corsi.

HeyGen

Usalo per: creare video parlati partendo da testo. Puoi anche tradurre i video in altre lingue.

Pictory e Invideo

Usali per: trasformare articoli di blog o script in brevi video coinvolgenti per TikTok, YouTube Shorts e Instagram Reels.

Strumenti di Automazione e Produttività

Questi strumenti ti fanno risparmiare tempo e ti aiutano a creare sistemi che funzionano in **automatico**.

Notion AI

Usalo per: gestire progetti, scrivere appunti, creare piani aziendali e fare brainstorming.

Zapier

Usalo per: collegare i tuoi strumenti di IA e automatizzare attività (ad esempio inviare contatti da un modulo alla tua email e a Google Sheets).

Chatbase

Usalo per: creare chatbot IA personalizzati addestrati sui tuoi documenti o sul tuo sito web.

Come Scegliere gli Strumenti Giusti

Non hai bisogno di usarli tutti. Inizia con **1 o 2 strumenti** in base a ciò che vuoi creare.

Obiettivo — Strumento Consigliato

Scrivere un ebook — ChatGPT o Claude
Creare lezioni video — Synthesia o Invideo
Vendere prodotti digitali — Canva, ChatGPT, Midjourney
Narrare audiolibri — ElevenLabs
Costruire chatbot o automazioni — Chatbase + Zapier

I creatori più intelligenti scelgono un **flusso di lavoro semplice** e lo ripetono. Ad esempio:

Scrivere contenuti con ChatGPT
Trasformarli in video con Invideo
Usare ElevenLabs per creare il voiceover
Vendere il risultato su una piattaforma (YouTube, Etsy, Udemy, ecc.)

Riepilogo

Gli strumenti di IA sono il tuo nuovo team. Ti permettono di muoverti più velocemente, costruire con meno costi e raggiungere un pubblico più ampio che mai. Non devi impararli tutti — scegli quelli che si allineano alle tue competenze o ai tuoi obiettivi di reddito e concentrati su quelli.

Ora seguiremo la storia di qualcuno che ha iniziato con uno solo di questi strumenti — e ha cambiato completamente il proprio futuro finanziario.

Era esausta.

Julia fissava il telefono. Erano le **2:07 di notte**.

Il suo bambino si era finalmente addormentato dopo una notte difficile per la dentizione, e i piatti erano ancora ammucchiati nel lavandino. Non era solo stanca — si sentiva bloccata.

Ex graphic designer diventata mamma a tempo pieno, Julia stava cercando di sbarcare il lunario vendendo stampe digitali fatte a mano su Etsy. Ma tra pannolini e spesa, non aveva mai tempo per creare qualcosa di nuovo.

Una notte, mentre scorreva un gruppo Facebook per mamme imprenditrici, qualcuno menzionò uno strumento chiamato

Midjourney – un'IA che poteva trasformare semplici testi in splendide opere d'arte.

Scettica ma curiosa, Julia scaricò Discord e digitò il suo primo prompt:

"Illustrazioni ad acquerello di animali per cameretta – colori pastello morbidi."

Quello che apparve la lasciò senza parole.

Le immagini erano migliori di qualsiasi cosa avesse mai disegnato. E ci vollero **pochi secondi** per crearle.

Quella notte generò **15 nuove opere** usando Midjourney. Il giorno dopo le caricò sul suo negozio Etsy con nuovi titoli e tag. Alla fine della settimana aveva guadagnato **96 dollari in vendite digitali** – più di tutto il mese precedente.

Decise di approfondire.

Scoprì **ChatGPT**, che la aiutò a scrivere descrizioni dei prodotti e testi per i social media. Poi trovò **Canva AI**, che le permise di creare pin per Pinterest in pochi minuti. Dopo ancora scoprì **Pictory**, che la aiutò a creare brevi TikTok senza mostrare il volto – solo video stock, testo sullo schermo e narrazione con voce IA.

In due settimane il suo negozio passò da "vendite occasionali" a **notifiche quotidiane**.

Suo marito non riusciva a crederci.

"Mi stai dicendo che un robot ha fatto quel dipinto della giraffa?" chiese ridendo, mentre teneva in mano una stampa incorniciata.

"No," sorrise lei, "l'ho fatto io — **con un aiuto**."

Julia non era una programmatrice. Non si considerava una persona "tecnologica". Aveva semplicemente il desiderio di provare. Di sperimentare. Di costruire qualcosa che potesse guadagnare mentre sua figlia dormiva.

Alla fine del primo mese usando strumenti di IA, aveva creato un sistema semplice:

Usava **ChatGPT** per trovare idee di prodotti e parole chiave SEO.
Usava **Midjourney** per generare immagini originali.
Usava **Canva** per creare pacchetti di prodotti e mockup.
Usava **Pictory** e **ElevenLabs** per trasformare i suoi prodotti in brevi annunci video per Instagram.

Tutto ciò che prima richiedeva ore ora richiedeva **minuti**.

E le vendite? Continuavano a crescere.

96 dollari diventarono **284**. Poi **787**.

Julia capì che non doveva scegliere tra la maternità e la libertà finanziaria. L'intelligenza artificiale le permetteva di avere **entrambe**.

Fu allora che iniziò a dire a tutti:

"Non devi essere esperto di IA — devi solo **usarla in modo intelligente**."

E lei era **solo all'inizio**.

Capitolo 3: 10 Modi Reali per Guadagnare con l'IA Già da Questa Settimana

L'obiettivo di questo capitolo è prendere tutto ciò che hai imparato finora e mostrarti esattamente come persone reali stanno trasformando strumenti di intelligenza artificiale gratuiti o a basso costo in vere fonti di reddito, anche senza alcuna esperienza precedente. Non si tratta di teorie. Sono modi concreti, accessibili e con grande potenziale per guadagnare utilizzando strumenti come ChatGPT, Midjourney, ElevenLabs e molti altri. Vediamo quindi i dieci metodi principali. Il primo è vendere stampe digitali o arte su Etsy. Puoi utilizzare Midjourney o DALL·E per creare illustrazioni originali, poster, libri da colorare o stampe per camerette e poi caricarli su Etsy come download digitali. Ad esempio, se una stampa digitale viene venduta a 5 dollari e riesci a venderne 10 al giorno, potresti generare 50 dollari al giorno, cioè circa 1.500 dollari al mese, e una volta caricata online diventa una fonte di reddito passivo. Gli strumenti più utili per questo metodo sono Midjourney, Canva e ChatGPT per le descrizioni dei prodotti e l'ottimizzazione SEO.

Il secondo metodo consiste nel creare e vendere eBook o workbook. Puoi scrivere brevi guide pratiche o storie per bambini con l'aiuto di ChatGPT, impaginarle con Canva e pubblicarle su Amazon KDP o Gumroad. Per esempio, un eBook di 25 pagine venduto a 9 dollari potrebbe generare 450 dollari al mese se ne vendi 50 copie. Gli strumenti principali sono ChatGPT, Canva e Amazon KDP. Il terzo metodo è offrire servizi freelance potenziati dall'IA. Puoi aggiungere l'intelligenza artificiale ai tuoi servizi di scrittura, editing o design e offrire consegne rapide utilizzando strumenti come Jasper, Grammarly o Canva. Se ad esempio addebiti 100 dollari per articolo e riesci a consegnarne tre al giorno grazie all'IA, potresti arrivare a 300 dollari al giorno. Gli strumenti principali sono ChatGPT, Jasper, Canva e Grammarly.

Il quarto metodo è lanciare un canale YouTube senza mostrare il volto. Puoi usare Pictory, ChatGPT ed ElevenLabs per creare video dove l'IA si occupa della scrittura, della voce e della produzione del video. Un video virale può generare tra 100 e 1.000 dollari di entrate pubblicitarie, e con 50 o più video è possibile arrivare a guadagni tra 1.000 e 5.000 dollari al mese grazie a pubblicità e link di affiliazione. Gli strumenti più utili sono Pictory, ElevenLabs e ChatGPT. Il quinto metodo è creare e vendere corsi digitali o tutorial. ChatGPT può aiutarti a costruire l'intero programma del corso, mentre Synthesia o HeyGen possono generare lezioni video. Puoi poi vendere il corso su piattaforme come Udemy, Teachable o Kajabi. Ad esempio, un corso venduto a 97 dollari con 100 vendite può generare 9.700 dollari e, una volta creato, può continuare a essere venduto per anni. Gli strumenti principali sono ChatGPT, Synthesia, Kajabi e Canva.

Il sesto metodo consiste nel creare e vendere voci IA, audiolibri o podcast. Con ElevenLabs puoi trasformare testi in narrazioni naturali per audiolibri, articoli o video. Gli audiolibri possono essere venduti su piattaforme come Findaway Voices oppure puoi offrire servizi di voiceover su Fiverr. Un voiceover di 30 minuti può essere venduto per circa 75 dollari e con dieci lavori al mese potresti guadagnare 750 dollari. Gli strumenti principali sono ElevenLabs, Descript e Findaway Voices. Il settimo metodo è creare blog di nicchia o siti di affiliazione usando l'IA. ChatGPT può aiutarti a scrivere articoli, recensioni di prodotti e guide. Il blog può essere monetizzato con affiliazioni Amazon, pubblicità o sponsorizzazioni. Con traffico costante e vendite affiliate è possibile guadagnare da 200 a oltre 1.000 dollari al mese. Gli strumenti utili sono ChatGPT, Jasper, WordPress e Surfer SEO.

L'ottavo metodo è creare e far crescere pagine di YouTube Shorts o Instagram senza volto e poi rivenderle. Puoi produrre contenuti brevi usando Invideo, CapCut e voiceover generati dall'IA. Una volta cresciuto il pubblico, il canale può essere monetizzato o venduto. Canali con oltre 10.000 follower possono essere venduti tra 2.000 e oltre 10.000 dollari. Gli strumenti principali sono Invideo, ElevenLabs e CapCut. Il nono metodo è costruire chatbot o strumenti basati sull'IA. Con piattaforme come Chatbase o ManyChat puoi creare chatbot intelligenti per il servizio clienti o la generazione di contatti e poi venderli alle piccole imprese. Se ad esempio addebiti 99 dollari al mese per cliente e ne hai dieci, puoi generare 990 dollari al mese ricorrenti. Gli strumenti utili sono Chatbase, Notion e Zapier.

Il decimo metodo è creare una piccola agenzia basata sull'IA che offra servizi completi come creazione di contenuti, produzione video, voiceover e automazione, tutto realizzato con strumenti di intelligenza artificiale. Se ad esempio addebiti 500 dollari al mese per cliente e hai dieci clienti, potresti generare 5.000 dollari al mese. Gli strumenti utilizzati possono essere una combinazione di ChatGPT, Canva, Synthesia e Zapier.

Il consiglio finale è semplice: scegli un solo metodo e inizia in piccolo. Non provare tutti e dieci contemporaneamente. Scegline uno che corrisponda alle tue competenze o ai tuoi interessi e dedicaci un fine settimana per testarlo. Una volta che inizi a vedere risultati, potrai automatizzare o delegare parte del lavoro usando altri strumenti di IA e scalare il tuo progetto.

Parliamo ora di Carlos. Era appena stato licenziato. Dopo cinque anni di lavoro nel supporto tecnico per un'azienda di medie dimensioni, una semplice email cancellò il suo stipendio. "Stiamo riducendo il personale. Grazie per il tuo servizio." Tutto qui. Nessuna liquidazione, nessun preavviso. Solo un laptop da restituire e una vaga promessa di "restare in contatto". A 34 anni, con l'affitto da pagare e nessun lavoro in vista, il panico iniziava a farsi sentire. Ma invece di scorrere senza meta sui social, Carlos aprì il browser e digitò: "Come guadagnare con l'intelligenza artificiale". Aveva già sentito parlare di ChatGPT. Un amico gli aveva mostrato come poteva rispondere alle email come per magia. Ma non aveva mai pensato di usarlo per guadagnare. Quella notte la curiosità diventò ossessione. Iniziò a guardare tutorial, discussioni su Reddit e video su YouTube di persone che usavano l'IA per creare canali YouTube, vendere libri e generare opere d'arte senza programmare, senza telecamere e senza competenze di design.

La mattina successiva Carlos aveva già un piano. Aprì un nuovo documento Google e chiese a ChatGPT: "Dammi 10 idee per canali YouTube senza volto, economici da avviare e capaci di generare reddito rapidamente". In pochi secondi ricevette diverse idee: fatti curiosi, citazioni motivazionali, brevi biografie, consigli di vita per adolescenti e suggerimenti sulla salute mentale. Carlos scelse "Consigli di vita per adolescenti".

Chiese a ChatGPT di scrivere cinque script video, ognuno inferiore a 90 secondi. Ci vollero meno di dieci minuti. Poi andò su Pictory.ai, caricò uno degli script e scelse un tema video di sfondo. Pictory trasformò automaticamente il testo in un video aggiungendo filmati stock, sottotitoli e transizioni. Per la voce si iscrisse a ElevenLabs, selezionò una voce narrante calma e amichevole e incollò lo script. In pochi minuti il suo primo video era pronto.

Lo caricò su un nuovo canale chiamato "GlowUp Talks". Non era nulla di elaborato: un video di 60 secondi senza volto che offriva consigli agli studenti delle superiori su come gestire la pressione dei coetanei. Ripeté lo stesso processo per cinque notti consecutive. Il sesto giorno uno dei video raggiunse 4.800 visualizzazioni. Iniziarono ad arrivare commenti: "Questo mi ha davvero aiutato." "Per favore, fanne altri!" Carlos non si era mai sentito così pieno di speranza. In un mese pubblicò 30 video brevi usando sempre lo stesso processo: ChatGPT per gli script, Pictory per il video, ElevenLabs per la voce e Canva per le miniature. Non mostrava il volto e non usava nemmeno un microfono. Eppure il suo canale raggiunse 1.000 iscritti in soli 21 giorni. Alla quarta settimana guadagnò 314 dollari grazie ai bonus di YouTube Shorts. Aggiunse link di affiliazione per diari sulla salute mentale per adolescenti e app di produttività, guadagnando altri 107 dollari.

Non era ancora ricco, ma era libero. Non stava più implorando per colloqui di lavoro o aggiornando curriculum per aziende che non si preoccupavano di lui. Stava costruendo qualcosa alle sue condizioni. Il suo secondo canale lo creò usando ricette generate dall'IA e immagini di cibo create con Midjourney. Il terzo era dedicato a citazioni sportive motivazionali narrate con voci IA. Carlos non si limitò a superare il licenziamento: lo trasformò in una rampa di lancio. Diceva spesso: "L'intelligenza artificiale non mi ha solo fatto risparmiare tempo. Mi ha restituito il controllo." Ed è proprio questo il vero punto: non solo guadagnare con l'IA, ma usarla per riconquistare il proprio tempo, la propria libertà e il proprio futuro.

Capitolo 4: Come Costruire un Business Alimentato dall'IA da Soli

L'intelligenza artificiale non aiuta soltanto a guadagnare denaro: ti permette di gestire un'intera attività da solo, grazie alla potenza dell'automazione, della delega digitale e dei sistemi intelligenti. Questo capitolo mostra come lanciare un business redditizio e scalabile gestito da una sola persona utilizzando strumenti di IA, che tu stia offrendo servizi freelance, vendendo prodotti digitali o costruendo un brand online. In passato, gestire un'azienda richiedeva un intero team: uno scrittore, un designer, un editor video, un addetto al servizio clienti e un esperto tecnico. Oggi puoi sostituire la maggior parte, se non tutti, questi ruoli con strumenti di intelligenza artificiale che possono costare complessivamente tra zero e cinquanta dollari al mese. Il tuo team basato sull'IA potrebbe includere ChatGPT o Jasper come scrittori, Canva o Midjourney come designer, ElevenLabs come voce narrante, Invideo o Pictory come editor video, Notion AI o Zapier per l'amministrazione e Chatbase o ManyChat per vendite e assistenza clienti.

Il primo passo è scegliere un modello di business semplice e a basso rischio, compatibile con l'intelligenza artificiale. Puoi creare e vendere prodotti digitali come eBook, corsi, modelli, opere artistiche, guide o planner. Puoi offrire servizi freelance come creazione di contenuti, design, SEO, editing video o configurazioni di automazione. Puoi costruire un'attività di affiliate marketing creando un sito di nicchia o un canale YouTube che promuove prodotti tramite link di affiliazione. Oppure puoi sviluppare un business basato sui contenuti, costruendo una pagina monetizzata su YouTube, TikTok o Instagram incentrata su una nicchia specifica e alimentata dall'IA. Una volta scelto il modello di business, puoi costruire le fondamenta in un solo fine settimana. Il primo giorno puoi lavorare sul brand e sull'offerta: usare ChatGPT per generare idee di nomi aziendali, progettare un logo con Canva e definire esattamente cosa venderai o promuoverai. Il secondo giorno puoi creare le risorse del tuo business: utilizzare l'IA per produrre il tuo prodotto digitale, contenuti o modelli di servizio, costruire un semplice sito web o una landing page con strumenti come Carrd, Systeme.io o Gumroad e preparare tre o cinque post o video per i social media usando Pictory o Canva. Il terzo giorno puoi lanciare e monetizzare: caricare il tuo prodotto su Gumroad o Etsy, pubblicare contenuti sui social o su YouTube, aggiungere link di affiliazione se applicabile e utilizzare Zapier o Chatbase per automatizzare il supporto clienti o la consegna dei prodotti. In questo modo avrai creato un business completamente funzionante senza dipendenti.

Quando inizierai a guadagnare i primi cento o cinquecento dollari, potrai portare il tuo progetto al livello successivo automatizzando ulteriormente le operazioni. Puoi automatizzare l'invio delle email con strumenti come MailerLite o Systeme.io, creare un chatbot basato sull'IA con Chatbase per rispondere alle domande frequenti, utilizzare Zapier per inviare automaticamente i dati delle vendite o dei contatti a Google Sheets e riutilizzare un singolo contenuto trasformandolo in cinque formati diversi grazie all'intelligenza artificiale, come testo, immagini, audio, video e articoli di blog. È importante evitare alcuni errori comuni: cercare di fare tutto manualmente invece di lasciare che l'IA gestisca l'ottanta per cento delle attività ripetitive, inseguire troppi strumenti contemporaneamente invece di concentrarsi su due o tre strumenti principali da usare ogni giorno, complicare troppo la propria offerta invece di mantenerla semplice e scalabile, e non validare il prodotto prima di investire troppo tempo. L'IA consente di creare rapidamente versioni minime di un prodotto e ottenere feedback reali dal mercato.

In sostanza, in un business alimentato dall'IA tu sei l'amministratore delegato e l'intelligenza artificiale è il tuo team. Non stai più scambiando ore di lavoro per denaro né aspettando che qualcuno ti assuma. Stai costruendo una fonte di reddito che può funzionare ventiquattr'ore su ventiquattro, anche mentre dormi. Non hai bisogno di assumere più dipendenti per crescere: puoi scalare grazie all'automazione e agli strumenti digitali. E la cosa migliore è che puoi farlo anche part-time, dal tuo telefono, senza investitori e senza uffici.

La storia di Tanya lo dimostra perfettamente. Tanya non aveva un lavoro tradizionale da oltre sei anni, non perché non lo volesse, ma perché la vita aveva preso una direzione diversa. Era la principale caregiver di sua madre, che stava combattendo con l'Alzheimer a esordio precoce. Tra farmaci, pasti e visite mediche, la sua vita non permetteva orari di lavoro dalle nove alle cinque o routine prevedibili. Quello che invece aveva erano piccoli momenti di tranquillità durante la giornata, ed era tutto ciò di cui aveva bisogno. Durante uno di quei momenti, mentre guardava YouTube, vide un video intitolato "Come gestisco un business da 10.000 dollari al mese da sola usando l'intelligenza artificiale". Stava quasi per saltarlo, ma la miniatura — una donna seduta sul divano con un laptop, senza ufficio e senza dipendenti — le sembrò familiare. Tanya cliccò sul video. Quel video aprì una porta che non sapeva nemmeno esistesse. Spiegava come strumenti come ChatGPT, Canva e Gumroad potessero essere utilizzati per creare prodotti digitali come checklist, diari e guide. Mostrava come l'IA non fosse solo per esperti di tecnologia, ma anche per madri, caregiver e creatori.

Tanya decise di provare. Quel fine settimana chiese a ChatGPT: “Dammi dieci idee di prodotti digitali per caregiver”. La risposta arrivò immediatamente: guide per la pianificazione dei pasti, tracker per i farmaci, diari per la cura dell’Alzheimer, modelli di controllo quotidiano e registri di supporto emotivo. Scelse tre idee e chiese a ChatGPT di creare una bozza della struttura. Poi aprì Canva, selezionò un modello di diario e iniziò a modificarlo. In meno di ventiquattro ore aveva creato un diario di venticinque pagine chiamato Daily Dementia Care Journal, completo di caselle di controllo, spunti e spazio per appunti. Lo caricò su Gumroad, impostò il prezzo a dodici dollari e pubblicò il link in un gruppo Facebook di supporto per caregiver. Quella stessa notte fece la sua prima vendita. Nel mese successivo Tanya creò una piccola libreria di prodotti digitali costruiti con l’IA: un planner settimanale per l’assistenza, un foglio stampabile per contatti di emergenza e una checklist di autocura per caregiver. Usava ChatGPT per scrivere i testi, Canva per progettare i prodotti e MailerLite per inviare automaticamente email alle persone che scaricavano materiali gratuiti. Aveva costruito l’intero business da sola: ogni prodotto, ogni pagina di vendita, ogni email.

I risultati arrivarono rapidamente. Nel primo mese guadagnò 207 dollari, nel secondo 641 e nel terzo 1.226. Ma l’aspetto più importante era la flessibilità. Poteva lavorare durante i sonnellini o la sera tardi. Non doveva rispettare scadenze imposte da un capo né rispondere a un'azienda. Stava costruendo qualcosa di suo, alle sue condizioni. Per automatizzare l'assistenza clienti aggiunse Chatbase, addestrato con le sue domande frequenti e le istruzioni dei prodotti. Integrò Zapier per aggiornare automaticamente un foglio Google ogni volta che arrivava una vendita. La sua piccola attività funzionava in modo più efficiente di molte aziende con interi team. Quando le persone le chiedevano chi facesse parte del suo team, Tanya sorrideva e rispondeva: "Solo io... e circa cinque robot". La sua storia non riguardava diventare milionaria, ma riconquistare la libertà. Non si sentiva più intrappolata. L'intelligenza artificiale non le aveva dato solo strumenti: le aveva restituito **tempo, dignità e speranza.**

Capitolo 5: Da $0 a $1.000 — Il Tuo Primo Piano di Guadagno con l'IA

Non hai bisogno di mesi per guadagnare i tuoi primi soldi con l'intelligenza artificiale. In questo capitolo seguiremo un piano d'azione di 7 giorni per passare da zero ai tuoi primi 1.000 dollari di guadagni utilizzando strumenti e strategie basati sull'IA. Che tu sia un principiante assoluto o abbia già iniziato a sperimentare con l'intelligenza artificiale, questa roadmap ti aiuterà a muoverti velocemente, rimanere concentrato e trasformare le idee in risultati reali.

Il primo giorno devi scegliere il tuo modello di business basato sull'IA. Puoi optare per tre modelli principali: prodotti digitali, come eBook, stampe digitali, arte generata con IA o template; creazione di contenuti, come YouTube Shorts, Instagram Reels o blog; oppure servizi freelance, come scrittura, editing o produzione video potenziati dall'IA. Non pensarci troppo: scegline uno e impegnati per i prossimi sette giorni. Il secondo giorno scegli la tua nicchia. Puoi usare ChatGPT per restringere il focus chiedendo, ad esempio: "Dammi 10 idee di prodotti digitali redditizi per insegnanti, appassionati di fitness, mamme o amanti degli animali." Scegli una nicchia che ti piace o che conosci bene, perché questo ti permetterà di muoverti più velocemente e ottenere risultati migliori.

Il terzo giorno crea il tuo primo prodotto o contenuto. Usa ChatGPT per strutturare e scrivere il contenuto, Canva per progettare un lead magnet, un prodotto o un eBook, Midjourney o Pictory per creare immagini o video ed ElevenLabs per generare voiceover o narrazioni. Alcuni esempi potrebbero essere un planner di 10 pagine per professionisti impegnati, un video motivazionale per adolescenti narrato con una voce IA o un mini eBook con spunti di scrittura giornalieri. Non cercare la perfezione: il tuo obiettivo è semplicemente completarlo.

Il quarto giorno imposta il tuo sistema di vendita. Puoi vendere o promuovere i tuoi contenuti tramite Gumroad per prodotti digitali, Etsy per stampe e arte generata con IA, YouTube o Instagram per monetizzare contenuti e link di affiliazione oppure piattaforme come Upwork o Fiverr per offrire servizi freelance. Crea la tua pagina prodotto o il tuo servizio, imposta il metodo di pagamento e una strategia di prezzo iniziale tra 5 e 50 dollari. Poi carica il prodotto o pubblica il tuo primo video.

Il quinto giorno promuovi gratuitamente il tuo lavoro. Puoi condividere il prodotto in gruppi Facebook della tua nicchia, pubblicare su Pinterest o Reddit, creare un video teaser di 30 secondi usando Pictory ed ElevenLabs o inviare messaggi diretti a persone che potrebbero beneficiare del tuo prodotto.

Puoi anche chiedere a ChatGPT di scrivere didascalie e idee per i post. In questa fase il volume conta più della perfezione.

Il sesto giorno inizia ad automatizzare e a fare follow-up. Usa strumenti come MailerLite per consegnare download gratuiti e promuovere offerte a pagamento, Zapier per aggiornare fogli di calcolo o ricevere notifiche di vendita e Chatbase per gestire domande frequenti sul tuo sito. Anche se hai solo una vendita, è il momento giusto per iniziare a costruire il sistema.

Il settimo giorno valuta e migliora. Analizza cosa ha generato clic, visualizzazioni o vendite e cosa invece non ha funzionato. Chiedi a ChatGPT come migliorare e crea una seconda offerta o un nuovo contenuto per mantenere lo slancio. Molte persone riescono a guadagnare tra 100 e 500 dollari nella prima settimana seguendo questo processo. Per arrivare a 1.000 dollari o più puoi lanciare più prodotti nella stessa nicchia, riutilizzare i contenuti su più piattaforme e creare bundle o offerte aggiuntive.

Il tuo primo guadagno di 1.000 dollari con l'IA non arriverà dall'essere il più intelligente, ma dal fatto di iniziare, pubblicare e semplificare. Non devi costruire il business perfetto: devi solo lanciare un'offerta semplice, alimentata dall'IA, che risolva un problema specifico. Tutti gli strumenti di cui hai bisogno sono già a tua disposizione.

La storia di Lena lo dimostra perfettamente. Lena aveva solo 64 dollari sul suo conto in banca. Aveva appena lasciato il lavoro in uno studio dentistico dopo due anni di lavoro eccessivo e paga insufficiente. Non aveva risparmi né un piano di riserva. Aveva solo una promessa fatta a sé stessa: costruire qualcosa che le desse il controllo della propria vita. Quella stessa sera guardò un video su TikTok che diceva: "Puoi creare e vendere un prodotto digitale in 24 ore con l'IA. Inizia con ChatGPT e Canva. Caricalo su Gumroad. Fatto." Si chiese se potesse davvero essere così semplice.

Lena non aveva esperienza nel business né un seguito sui social media. Ma aveva un laptop, il Wi-Fi gratuito di un bar locale e molta motivazione. Aprì ChatGPT e scrisse: "Dammi 10 idee di prodotti digitali per persone che vogliono restare organizzate." L'IA rispose con idee come planner giornalieri, guide per la preparazione dei pasti, tracker di budget, checklist per la pulizia e routine di cura personale. Quest'ultima idea catturò la sua attenzione. Era sempre stata l'amica organizzata che aiutava gli altri a mettere ordine nella propria vita con routine, liste e schemi. Decise di trasformare questa abilità in un prodotto.

Chiese a ChatGPT di creare una checklist settimanale di cura personale con blocchi di tempo, affermazioni positive e attività quotidiane di benessere. Copiò la struttura in Canva, scelse un modello minimalista dai colori pastello, aggiunse icone e creò un PDF pulito di dieci pagine in meno di tre ore. Il risultato fu "The 7-Day Self-Care Reset Journal". Lo caricò su Gumroad con un prezzo di 9 dollari e pubblicò il link in tre gruppi Facebook dedicati alla salute mentale e alla crescita personale. Nessuna pubblicità, nessun sito complesso.

Il primo giorno non vendette nulla. Il secondo giorno ancora niente. Ma il terzo giorno si svegliò con una notifica PayPal: "Hai ricevuto 9 dollari da Sarah P." Lena quasi pianse. Quella piccola notifica rappresentava qualcosa di molto più grande: la prova che poteva creare valore e essere pagata senza un capo o un cartellino da timbrare. Alla fine della settimana aveva creato altri due diari, un planner per i pasti e un tracker di produttività, aveva configurato MailerLite per offrire versioni gratuite in cambio di email e pubblicava ogni giorno su Instagram usando Canva e citazioni generate da ChatGPT. Guadagnò 93 dollari nella prima settimana. Alla terza settimana superò i 1.000 dollari di vendite totali.

Lena non stava semplicemente vendendo checklist. Stava vendendo tranquillità. Prima la sua, poi quella degli altri. Il suo business continuò a crescere aggiungendo meditazioni guidate con la voce di ElevenLabs, brevi video Reels creati con Pictory e bundle di kit stampabili che ora si vendono automaticamente. A volte lavorava ancora dal bar, con le cuffie e un cappuccino accanto al laptop. E quando qualcuno le chiedeva cosa facesse per vivere, lei sorrideva e rispondeva: “Creo magia digitale con l’intelligenza artificiale.” Perché ciò che aveva costruito non era solo un progetto o un lavoro extra, ma una nuova vita.

Capitolo 6: Automatizza Tutto — Lascia che l'IA Gestisca il Business per Te

Il vero potere dell'intelligenza artificiale non sta solo nella creazione di contenuti, ma nell'automazione. In questo capitolo vedremo come configurare sistemi semplici e intelligenti affinché il tuo business alimentato dall'IA possa funzionare praticamente da solo, raccogliendo contatti, consegnando prodotti, pubblicando contenuti e rispondendo alle domande senza che tu debba intervenire manualmente. L'automazione con l'IA consiste nel combinare strumenti software, logiche automatizzate e intelligenza artificiale affinché attività ripetitive vengano svolte in background in modo rapido e costante. Per esempio, puoi inviare automaticamente un'email di ringraziamento quando un cliente effettua un acquisto, consegnare un prodotto digitale 24 ore su 24, trasformare un singolo video in cinque formati diversi oppure utilizzare un chatbot per rispondere alle domande frequenti dei clienti. Queste attività non richiedono più un intervento umano, perché l'IA può svolgerle in modo più veloce, più efficiente e spesso a un costo molto inferiore.

Esistono diversi strumenti fondamentali che puoi utilizzare per automatizzare il tuo business. Per la consegna delle email puoi utilizzare piattaforme come MailerLite o Systeme.io, che inviano automaticamente email di benvenuto, link ai prodotti e newsletter. Per l'automazione dei flussi di lavoro puoi usare Zapier o Make, strumenti che collegano diverse applicazioni e automatizzano attività come aggiornare automaticamente un foglio di calcolo quando avviene una vendita. Per il servizio clienti puoi utilizzare chatbot basati sull'IA come Chatbase o ManyChat, capaci di rispondere alle domande dei clienti ventiquattr'ore su ventiquattro. Per i social media puoi usare strumenti come Repurpose.io o Pictory, che pubblicano automaticamente contenuti o li adattano a più piattaforme. Per la gestione degli appuntamenti e la raccolta di iscrizioni puoi utilizzare Tally.so o Calendly, che permettono alle persone di prenotare appuntamenti o compilare moduli senza che tu debba rispondere manualmente.

Se stai iniziando, è consigliabile automatizzare prima le attività con maggiore impatto e minor sforzo. Una delle automazioni più utili è la consegna automatica dei prodotti digitali. Quando qualcuno acquista da Gumroad o Etsy, il sistema invia immediatamente il prodotto al cliente senza bisogno di email manuali. Un'altra automazione efficace è il funnel per lead magnet, in cui MailerLite invia automaticamente un prodotto gratuito in cambio dell'indirizzo email dell'utente. Puoi anche configurare una sequenza di benvenuto di tre giorni che educa il nuovo contatto, costruisce fiducia e promuove un'offerta a pagamento. Inoltre puoi riutilizzare i contenuti con l'aiuto dell'IA trasformando un video di un minuto in diversi formati, come uno YouTube Short, un Instagram Reel, un TikTok, un pin su Pinterest e un riassunto per blog generato da ChatGPT.

Un esempio semplice di automazione può essere configurato con Zapier. Supponiamo che tu voglia aggiungere automaticamente il nome e l'email di un nuovo cliente in un foglio Google. Basta andare su Zapier, creare un nuovo "Zap", impostare come trigger una nuova vendita su Gumroad e come azione la creazione di una nuova riga in Google Sheets. Dopo aver collegato i tuoi account, il sistema registrerà automaticamente ogni vendita in tempo reale. Questo tipo di automazione consente di risparmiare tempo e di avere sempre dati aggiornati senza interventi manuali.

Automatizzare non significa scomparire dal tuo business, ma liberare il tuo tempo per attività più strategiche. Quando l'IA gestisce le attività ripetitive, puoi concentrarti sulla creazione di nuovi prodotti, sul miglioramento delle offerte, sul test di campagne pubblicitarie e sulla collaborazione con altre persone. In altre parole, lavori sul business invece di lavorare dentro il business. Anche se stai guadagnando solo cinquecento dollari al mese, l'automazione garantisce che quei cinquecento dollari non richiedano cinquecento dollari di tempo e fatica.

L'obiettivo è costruire un sistema che possa funzionare anche senza la tua presenza costante. Non hai bisogno di assumere assistenti virtuali o creare un grande team: l'IA può svolgere quel ruolo. Se imposti anche solo un'automazione a settimana, nel giro di un mese il tuo business potrebbe essere in grado di raccogliere contatti, consegnare prodotti, seguire i clienti, pubblicare contenuti e rispondere alle domande automaticamente.

La storia di Ravi mostra quanto questo possa cambiare tutto. Ravi era completamente esaurito. Aveva appena lanciato il suo primo prodotto digitale, un template per Notion destinato agli imprenditori, ed era entusiasta quando vide arrivare le prime vendite nella prima settimana. In totale vendette ventisette copie a 17 dollari ciascuna, più di quanto avesse mai guadagnato online prima. Tuttavia, già nella seconda settimana si sentiva sopraffatto. Ogni ordine significava inviare manualmente i link per il download, rispondere alle stesse domande via email, mandare ricevute, pubblicare contenuti sui social per mantenere il traffico e aggiornare un foglio di calcolo per monitorare le vendite. Aveva creato un prodotto che generava reddito, ma anche un nuovo lavoro, e ne aveva già uno.

Ravi aveva bisogno di aiuto rapidamente. Un amico gli parlò di Zapier e tutto cambiò. In un solo pomeriggio imparò a consegnare automaticamente il prodotto tramite Gumroad, inviare un'email di ringraziamento con una checklist bonus usando MailerLite, aggiungere automaticamente le informazioni del cliente in un foglio Google e contrassegnarlo per una futura campagna di upsell. Una sola configurazione iniziale e un enorme risparmio di tempo. Poco dopo scoprì Chatbase. Caricò un documento PDF con le risposte alle domande più frequenti dei clienti e il chatbot iniziò a gestire automaticamente richieste come "Come posso duplicare il template?" o "È compatibile con il telefono?". Non doveva più rispondere alle email di supporto a tarda notte.

Successivamente decise di automatizzare anche i social media. Utilizzando Pictory trasformò un singolo articolo del blog in cinque video brevi. Poi Repurpose.io pubblicò automaticamente quei video su TikTok, Instagram, Facebook, YouTube e LinkedIn secondo un calendario programmato. Ravi non doveva nemmeno aprire le app. Nel giro di poche settimane il suo business si trasformò completamente. Il prodotto si vendeva in automatico, le email venivano scritte e inviate da sole, i clienti ricevevano assistenza tramite chatbot e i contenuti venivano riutilizzati e pubblicati automaticamente mentre lui lavorava alla sua prossima idea.

Ravi chiamò questo sistema "delegazione digitale". Grazie all'automazione riuscì a passare dal ruolo di operatore a quello di proprietario dell'azienda. Non si sentiva più come se stesse correndo su un tapis roulant senza fine. Aveva costruito un sistema che funzionava da solo utilizzando l'intelligenza artificiale. Quando qualcuno gli chiedeva cosa facesse nella vita, la sua risposta era semplice: costruisco aziende che non hanno bisogno di me. Questa diventò la sua nuova missione, non solo guadagnare denaro, ma creare sistemi di reddito automatizzati che generassero libertà. Tutto era iniziato con un semplice template per Notion e un fine settimana dedicato agli strumenti di IA. Oggi si sveglia spesso con notifiche di pagamento sul telefono mentre sorseggia il caffè in pigiama. E la cosa migliore è che non ha mai dovuto assumere nemmeno una persona.

Capitolo 7: Trasformare l'Intelligenza Artificiale in Flussi di Reddito Passivo che Crescono nel Tempo

Il reddito passivo significa guadagnare denaro in modo continuo grazie a un lavoro che hai svolto una sola volta. Con l'intelligenza artificiale, creare reddito passivo non è solo possibile: è più veloce, più semplice e più accessibile che mai. In questo capitolo esploreremo come costruire flussi di reddito utilizzando l'IA che non pagano una sola volta, ma continuano a generare entrate mese dopo mese con poco o nessuno sforzo continuo.

Il primo passo è cambiare mentalità: smettere di scambiare tempo per denaro e iniziare a costruire **asset digitali**. Questi asset, come eBook, corsi online, planner stampabili, template, canali YouTube senza volto o opere d'arte generate dall'IA, possono essere creati rapidamente usando strumenti di intelligenza artificiale e venduti ripetutamente in modo automatico. Grazie a piattaforme come Amazon KDP, Gumroad, Etsy, YouTube e Udemy, non hai nemmeno bisogno di un sito web o di un pubblico iniziale. Queste piattaforme hanno già milioni di utenti che cercano prodotti come quelli che puoi creare con strumenti come ChatGPT, Midjourney, Canva o ElevenLabs.

Vediamo alcuni esempi. Un semplice eBook di 25 pagine scritto con ChatGPT può essere pubblicato su Amazon KDP e venduto a 9,99 dollari. Se vende anche solo 100 copie al mese, significa 999 dollari di reddito passivo. Un planner stampabile progettato con Canva può essere caricato su Etsy e scaricato un numero illimitato di volte. Un corso digitale registrato con strumenti come Synthesia o HeyGen può rimanere online su Udemy per anni, portando nuovi studenti mentre dormi. Un audiolibro narrato con ElevenLabs può essere distribuito attraverso Findaway Voices e generare royalties in tutto il mondo.

La chiave è che ciascuno di questi asset è **scalabile**. Che tu venda dieci copie o diecimila, il tuo tempo e il tuo costo rimangono praticamente gli stessi. Questo è il vero potere dei prodotti digitali e dell'intelligenza artificiale: puoi raggiungere mercati globali istantaneamente senza inventario, spedizioni o dipendenti. Per far funzionare questo sistema devi concentrarti su un problema chiaro e risolverlo in modo ripetibile. Per esempio, se crei una guida per aiutare i nuovi genitori a gestire gli orari del sonno dei bambini e la guida è davvero utile, le persone inizieranno a consigliarla ad altri. L'IA può aiutarti a scriverla, formattarla, narrarla e perfino progettare la copertina. Tu la crei una volta, e può continuare a pagarti per anni.

Naturalmente, il vero reddito passivo non significa non fare nulla. Significa fare il lavoro una volta e poi costruire sistemi che lo promuovano e lo consegnino automaticamente. È qui che entrano in gioco strumenti di automazione come Zapier, MailerLite, Chatbase e Repurpose.io. Questi strumenti ti permettono di continuare a creare nuovi asset mentre quelli vecchi continuano a generare entrate. Con il tempo, questi piccoli flussi di reddito iniziano ad accumularsi: un eBook, un corso, un canale YouTube alla volta, fino a creare un vero e proprio portafoglio di reddito digitale che cresce e si rafforza nel tempo.

Non puntare a diventare ricco con un solo prodotto. Punta invece a costruire **cinque o dieci asset alimentati dall'IA** che generino tra 200 e 1.000 dollari al mese ciascuno. Questo potrebbe includere libri su KDP, planner stampabili, pacchetti di arte generata dall'IA o contenuti video senza volto. Ogni nuovo asset aggiunge reddito mensile senza aggiungere più lavoro. È così che molte persone passano da creatori part-time a imprenditori digitali a tempo pieno: lasciando che sistemi digitali e strumenti di IA facciano il lavoro pesante nel tempo.

La storia di Michael dimostra come questo processo possa cambiare completamente la vita di una persona. Michael non aveva mai pensato di diventare un imprenditore online. Aveva 52 anni ed era un insegnante di scienze delle scuole superiori con vent'anni di esperienza in classe, un lungo tragitto quotidiano per andare al lavoro e un desiderio silenzioso di andare in pensione prima del previsto. Quello che desiderava davvero era tempo: tempo per leggere, viaggiare e respirare con calma. Non aveva competenze tecniche, nessun pubblico online e pochissimo tempo libero. Ma un giorno, durante una formazione per insegnanti sulle nuove tecnologie nell'istruzione, sentì il relatore menzionare ChatGPT. "Puoi scrivere un intero programma di lezioni in cinque minuti", disse. Michael rimase colpito.

Quella sera la curiosità si trasformò in azione. Michael chiese a ChatGPT di generare un piano di lezione sugli ecosistemi. In pochi secondi ricevette una struttura completa con attività, liste di vocabolario e domande di discussione. Provò altri prompt e poi si chiese: se può scrivere lezioni, cos'altro può fare? Passò il fine settimana a sperimentare con ChatGPT, Canva e un account gratuito su Gumroad. Entro domenica sera aveva creato il suo primo prodotto digitale: un diario di apprendimento scientifico di 30 giorni per studenti delle scuole medie. Lo mise in vendita a 9 dollari su Gumroad e condivise il link in un gruppo Facebook per famiglie che praticavano homeschooling.

Con sua grande sorpresa vendette tre copie nelle prime ventiquattro ore. Non era molto, solo 27 dollari, ma era reale.

Aveva guadagnato denaro grazie a qualcosa che aveva creato con un laptop e un'idea. Incoraggiato, Michael creò un secondo prodotto: un planner didattico sull'unità meteorologica, completo di fogli di lavoro e soluzioni, ancora una volta costruito con ChatGPT e Canva. Questa volta utilizzò Pictory per creare un breve video di presentazione e lo caricò su un nuovo canale YouTube. Inserì un link di affiliazione al prodotto nella descrizione del video e lo condivise in un forum online per genitori che educano i figli a casa.

Le vendite iniziarono ad arrivare con maggiore regolarità. Poi Michael aggiunse l'automazione. Configurò MailerLite per offrire gratuitamente un foglio di lavoro sulla meteorologia in cambio degli indirizzi email e inviò una sequenza di tre email che promuovevano il pacchetto completo del prodotto. Ogni nuovo iscritto diventava un potenziale cliente senza che Michael dovesse intervenire. Usò Zapier per registrare automaticamente ogni vendita in un foglio Google e Chatbase per rispondere alle domande sui prodotti. Poco alla volta, i suoi piccoli sistemi iniziarono a lavorare insieme. Un prodotto creato in un fine settimana continuava a generare entrate mesi dopo.

Con l'aumentare della fiducia crebbe anche la sua libreria di asset digitali. Creò un mini corso di scienze della Terra usando avatar di Synthesia, completo di quiz e spiegazioni video. Usò

ElevenLabs per narrare una versione audiolibro delle sue "30-Day Science Challenges" e la pubblicò su Findaway Voices. Non assunse nessuno. Non registrò video con la telecamera. Non parlò mai davanti a un microfono. Eppure i suoi contenuti erano ovunque: automatizzati, sempre disponibili e in continua crescita.

Alla fine dell'anno Michael aveva creato quattordici prodotti digitali distribuiti tra Gumroad, Etsy, Udemy e Amazon KDP. Ognuno generava tra 50 e 400 dollari al mese. Nessuno era diventato virale, nessuno aveva avuto un enorme successo improvviso. Ma insieme generavano oltre 3.800 dollari al mese, più del suo stipendio da insegnante. Per la prima volta vide un percorso reale verso la pensione anticipata non basato sui risparmi o sulla pensione statale, ma sui sistemi digitali che aveva costruito dal suo soggiorno usando strumenti che chiunque poteva imparare a usare.

Quando le persone gli chiedevano come facesse a trovare il tempo per fare tutto questo, Michael sorrideva e diceva semplicemente: "Io non lo faccio. Lo fa l'intelligenza artificiale." Aveva scoperto il vero segreto: creare qualcosa una volta, automatizzarlo e poi passare al progetto successivo. Oggi passa molte mattine a leggere sul portico di casa mentre il telefono vibra silenziosamente con nuove vendite, nuovi download e nuovi ascoltatori. Il suo business funziona mentre lui si rilassa. E ogni nuovo prodotto che aggiunge non richiede più tempo: aggiunge solo più libertà.

Per Michael, l'intelligenza artificiale non ha offerto solo strumenti. Ha offerto un nuovo futuro: meno stress, più tempo e un reddito che non si ferma quando lui smette di lavorare. Il reddito passivo non è più un sogno. È diventato la sua nuova normalità.

Capitolo 8: Usare l'Intelligenza Artificiale per Creare e Vendere Prodotti Digitali a Livello Globale

I prodotti digitali rappresentano uno dei modelli di business più scalabili, accessibili e redditizi al mondo, e l'intelligenza artificiale rende più facile che mai crearli e venderli a livello globale. A differenza dei prodotti fisici, i beni digitali non hanno costi di spedizione, non richiedono inventario e non hanno limiti nel numero di volte in cui possono essere venduti. Che tu stia creando un eBook, un corso online, un pacchetto di design, un planner stampabile o persino una narrazione audio generata dall'IA, puoi venderlo a chiunque, in qualsiasi luogo e in qualsiasi momento, ventiquattr'ore su ventiquattro, trecentosessantacinque giorni all'anno.

L'intelligenza artificiale elimina quasi tutte le barriere che in passato impedivano alle persone di diventare creatori di prodotti digitali. Non sai scrivere? ChatGPT può aiutarti a creare interi manoscritti, guide pratiche, modelli di email o script. Non sei un designer? Canva e Midjourney ti permettono di creare immagini, copertine e prodotti stampabili di grande qualità in pochi minuti. Non vuoi apparire davanti alla telecamera? Strumenti come Synthesia e HeyGen possono generare avatar realistici che parlano al posto tuo. Hai bisogno di una narrazione audio? ElevenLabs offre voiceover naturali in diverse lingue e accenti. Vuoi espandere il tuo pubblico? Strumenti di traduzione basati sull'IA come DeepL o ChatGPT ti consentono di offrire i tuoi contenuti in più lingue, aprendo immediatamente le porte ai mercati globali.

Per iniziare, scegli una nicchia o un pubblico che vuoi servire, qualcosa che conosci oppure che ti incuriosisce. Usa ChatGPT per generare idee di prodotto, creare una struttura dei contenuti o sviluppare funzionalità che aggiungano valore. Supponiamo, ad esempio, che tu voglia creare un planner per il budget personale. Puoi chiedere a ChatGPT di strutturare un tracker finanziario di 30 giorni per obiettivi economici, poi progettare il modello in Canva, esportarlo in PDF e caricarlo su Etsy o Gumroad. In poche ore puoi avere un prodotto pronto per essere venduto, creato senza scrivere manualmente ogni singola frase.

Una volta che il prodotto è online, le piattaforme globali fanno gran parte del lavoro. Amazon KDP ti dà accesso a lettori internazionali. Etsy ha acquirenti da tutto il mondo. Gumroad permette pagamenti in diverse valute. Udemy e Teachable consentono di distribuire corsi a studenti in qualsiasi paese, mentre YouTube permette di raggiungere un pubblico su ogni continente. L'IA ti consente anche di localizzare i messaggi, tradurre sottotitoli e adattare immagini e contenuti a diverse culture senza dover assumere traduttori o designer.

Un'altra strategia molto efficace è combinare i prodotti in offerte multi-formato. Ad esempio, puoi scrivere una breve guida con ChatGPT, trasformarla in un audiolibro narrato con ElevenLabs, convertire le lezioni in slide con Canva e vendere tutto insieme come un "Ultimate Toolkit" sul tuo sito o su un marketplace. Ogni elemento del contenuto può essere venduto singolarmente oppure incluso in pacchetti di valore più alto. Questo aumenta il valore medio degli ordini e moltiplica il potenziale di guadagno partendo dallo stesso materiale di base.

Il segreto del successo globale con i prodotti digitali non è la perfezione, ma la ripetibilità e il valore. Concentrati sulla risoluzione di un piccolo problema per un pubblico globale e utilizza l'IA per presentare quella soluzione nel maggior numero possibile di formati accessibili. Poi automatizza la consegna e la promozione usando strumenti come MailerLite, Zapier e Repurpose.io per mantenere traffico e vendite attive anche mentre dormi.

La storia di Isabella mostra quanto questo approccio possa cambiare la vita di una persona. Isabella ha sempre amato creare. Come ex insegnante di lingue a São Paulo, aveva una grande passione per aiutare gli altri a imparare, ma aveva lasciato l'insegnamento anni prima per crescere i suoi due figli. Senza una formazione nel business e con competenze tecnologiche limitate, non si era mai considerata un'imprenditrice. Tuttavia, quando la sua famiglia iniziò ad affrontare difficoltà economiche durante una crisi finanziaria, cominciò a cercare online modi per guadagnare da casa.

Una sera si imbatté in un video su YouTube che cambiò tutto. Il video mostrava come alcune persone utilizzassero ChatGPT, Canva ed Etsy per creare e vendere diari stampabili in inglese, senza alcuna esperienza di design. Isabella si chiese se potesse fare la stessa cosa in portoghese. La mattina successiva aprì un account gratuito su ChatGPT e scrisse un prompt in portoghese chiedendo di creare un diario di gratitudine di 30 giorni. L'IA generò immediatamente una struttura dettagliata con suggerimenti giornalieri e citazioni motivazionali. Isabella rimase sorpresa. Copiò il testo in Canva, scelse un modello delicato e femminile, aggiunse alcuni tocchi personali e trasformò il progetto in un elegante diario di gratitudine di 30 giorni.

Caricò il PDF su Etsy, aggiunse opzioni di pagamento brasiliane tramite Gumroad e iniziò a condividere il prodotto in gruppi Facebook locali e comunità WhatsApp. Con sua grande sorpresa, le vendite arrivarono rapidamente. In due giorni vendette dieci copie del diario, guadagnando più di quanto guadagnasse prima dando lezioni private part-time. Incoraggiata dal risultato, usò ChatGPT per tradurre il contenuto in spagnolo e inglese, utilizzando DeepL per perfezionare il linguaggio e adattarlo alle diverse culture. Creò inserzioni separate per ogni lingua, modificando leggermente colori e design per adattarsi al tono e alle preferenze di ciascun pubblico.

Ben presto iniziò a vendere i suoi diari negli Stati Uniti, in Messico, in Portogallo e persino in Francia. La domanda globale la stupì. Usò ElevenLabs per creare una versione audio del diario sia in inglese sia in portoghese e la combinò con la versione stampabile, vendendola come un kit premium di mindfulness su Gumroad. Clienti provenienti da cinque continenti scaricarono il pacchetto già nel primo mese.

Isabella capì rapidamente di aver creato qualcosa di potente: prodotti digitali che soddisfacevano un vero bisogno emotivo, supportati da strumenti di IA che non richiedevano lavoro continuo. Usò MailerLite per automatizzare email di follow-up con nuove affermazioni e offerte scontate e Zapier per monitorare le vendite internazionali. Pubblicava brevi video Reels creati con Pictory, accompagnati da musica rilassante e citazioni giornaliere tradotte in tre lingue, programmati automaticamente tramite Meta Business Suite. La sua presenza online cresceva senza che lei dovesse registrare video o parlare davanti alla telecamera.

In tre mesi Isabella aveva creato più di una dozzina di prodotti: guide di crescita personale, fogli di lavoro per l'apprendimento delle lingue e mazzi di carte motivazionali, tutti realizzati con l'aiuto dell'IA. Il suo prodotto più venduto era un planner stampabile chiamato "Morning Mindset", disponibile in tre lingue, che vendette quasi 300 copie in 30 giorni. Per qualcuno che un tempo si chiedeva se qualcuno avrebbe mai comprato il suo lavoro, ora raggiungeva clienti in oltre quaranta paesi senza spedire un singolo prodotto fisico.

Guardando indietro, la cosa più sorprendente per Isabella non fu tanto il denaro guadagnato, ma il fatto che gli strumenti avessero reso tutto possibile per chiunque. Non aveva bisogno di un grande budget, di una laurea in marketing o di parlare inglese perfettamente. L'intelligenza artificiale l'aveva aiutata a trasformare le sue idee in un impatto globale. Dal suo piccolo appartamento a São Paulo, con un laptop e strumenti gratuiti di IA, Isabella era diventata un'imprenditrice di prodotti digitali con clienti in tutto il mondo.

Oggi insegna ai suoi figli ciò che ha imparato: che puoi creare qualcosa di prezioso nella tua lingua, con la tua voce, e condividerlo con il mondo. Per lei, i prodotti digitali non sono solo una fonte di reddito, ma un ponte. Un ponte dal locale al globale, dallo stress finanziario alla libertà e dalle idee all'impatto reale.

Capitolo 9: Costruire il Tuo Brand Alimentato dall'IA Senza Apparire Davanti alla Telecamera

Non hai bisogno di apparire davanti alla telecamera per costruire un brand potente e redditizio. Grazie all'intelligenza artificiale, oggi è più facile che mai creare contenuti "senza volto" che costruiscono autorità, fanno crescere un pubblico e generano entrate su diverse piattaforme, senza dover mostrare il proprio viso, parlare in un microfono o assumere un team. La paura di apparire davanti alla telecamera è uno dei motivi principali per cui molte persone evitano di avviare attività basate sui contenuti. Tuttavia, la verità è che molti dei creatori più di successo online oggi sono completamente anonimi. Alcuni utilizzano voiceover, altri si basano su testo o citazioni, e altri ancora costruiscono interi business attorno ad avatar di intelligenza artificiale, animazioni senza volto o immagini generate con strumenti come Midjourney, Canva o Pictory. Il tuo brand non è il tuo volto: è il tuo messaggio, il tuo stile, la tua coerenza. L'intelligenza artificiale ti aiuta a organizzare e diffondere quel messaggio in molti modi diversi.

Per costruire un brand senza volto, inizia definendo la tua nicchia e il tuo stile. Puoi utilizzare ChatGPT per generare idee di contenuto, definire il tono del tuo brand e persino trovare un nome. Per esempio, se vuoi creare un brand motivazionale per giovani professionisti, puoi chiedere a ChatGPT di suggerire un nome, scrivere uno slogan e generare trenta idee di script per video. Successivamente puoi usare Canva o Midjourney per creare loghi, banner per i social e grafiche con citazioni. Con strumenti come Pictory o Invideo puoi trasformare script scritti in video completi con filmati stock, musica di sottofondo e voiceover generati dall'IA, senza dover filmare o montare nulla.

Una delle strategie più efficaci per questo tipo di brand è il contenuto breve, come YouTube Shorts, Instagram Reels o TikTok. Questi video di 15–60 secondi funzionano molto bene per i creatori anonimi. Puoi trasformare articoli di blog o citazioni motivazionali in brevi video utilizzando Pictory o CapCut, aggiungere la narrazione con ElevenLabs o Play.ht, inserire musica di sottofondo libera da diritti, esportare il video e pubblicarlo. Le piattaforme premiano la costanza, quindi utilizzare strumenti di intelligenza artificiale per creare contenuti in blocco e programmarli nel tempo ti dà un grande vantaggio.

Il tuo brand senza volto può estendersi anche oltre i social media. Puoi usare ElevenLabs per trasformare articoli di blog in episodi di podcast o audiolibri narrati. Puoi utilizzare ChatGPT per scrivere newsletter via email o articoli lunghi per piattaforme come Medium. Inoltre puoi sfruttare la tua identità anonima per vendere prodotti digitali, offrire abbonamenti o licenziare i tuoi contenuti, tutto senza mai apparire davanti alla telecamera.

Un'altra opzione molto interessante è utilizzare avatar generati dall'intelligenza artificiale con strumenti come Synthesia o HeyGen. Questi strumenti permettono di creare presentatori virtuali realistici che possono parlare utilizzando i tuoi script in diverse lingue. Puoi utilizzare il tuo avatar per insegnare, presentare contenuti o promuovere prodotti in video per corsi online, canali YouTube o pubblicità. Combinando avatar digitali, clonazione vocale e strumenti text-to-video, il tuo brand diventa scalabile e multilingue con uno sforzo minimo.

Al tuo pubblico non importa se appari o meno davanti alla telecamera. Ciò che conta davvero è la chiarezza, la coerenza e il valore del contenuto. Con l'intelligenza artificiale puoi offrire tutte e tre queste cose senza essere visibile. E quando il tuo brand crescerà, potrai sempre scegliere se rivelare la tua identità o continuare a rimanere dietro le quinte. In entrambi i casi, l'IA ti consente di costruire qualcosa di reale, rispettato e capace di generare entrate.

La storia di Adrian dimostra quanto questo sia possibile. Nessuno sapeva chi gestisse l'account Instagram chiamato

"Wisdom Pulse". Il logo era semplice, testo bianco su sfondo nero. I video erano ancora più semplici: voiceover calmanti, musica minimalista e citazioni sovrapposte a immagini rallentate di onde, foreste o strade cittadine. Eppure, in meno di otto mesi, la pagina aveva raggiunto oltre 200.000 follower, generava circa un milione di visualizzazioni a settimana e aveva prodotto più di 110.000 dollari di entrate. Dietro tutto questo c'era Adrian, un ragazzo di 29 anni con ansia sociale che non mostrava il suo volto online da oltre cinque anni.

Adrian ha sempre amato le parole. Riempiva quaderni con riflessioni, citazioni e idee. Tuttavia, ogni volta che pensava di condividerle online, si bloccava. L'idea di registrarsi, essere giudicato o diventare virale per le ragioni sbagliate lo faceva sentire a disagio. Per anni rimase solo osservatore, guardando gli altri crescere e costruire le proprie piattaforme. Finché una sera, dopo aver guardato decine di tutorial sull'intelligenza artificiale su YouTube, ebbe un'intuizione: e se non dovesse essere lui il volto? E se il messaggio potesse esistere da solo?

La mattina successiva Adrian aprì ChatGPT e scrisse: "Scrivi un breve messaggio motivazionale per qualcuno che sta attraversando un momento difficile." La risposta fu sorprendente: autentica, profonda e umana. Copiò lo script in ElevenLabs, selezionò una voce maschile calma e lo combinò con immagini di repertorio generate con Pictory. In meno di un'ora aveva creato un video di 60 secondi. Nessuna telecamera, nessun microfono. Solo un messaggio potente raccontato da una voce artificiale. Lo pubblicò su Instagram e TikTok con il nome Wisdom Pulse.

Il video ottenne 73 visualizzazioni. Non era molto, ma era abbastanza per continuare. Il giorno successivo creò altri due video, poi cinque il giorno dopo ancora. Utilizzando ChatGPT per generare idee, Canva per creare miniature, ElevenLabs per la narrazione e Pictory per il montaggio, Adrian iniziò a costruire una libreria di contenuti anonimi ma di grande impatto. Seguiva una formula semplice: una citazione, uno script, un minuto, ogni giorno. Dopo tre settimane uno dei suoi video raggiunse 17.000 visualizzazioni. I commenti iniziarono ad arrivare: "Avevo bisogno di questo oggi." "Grazie." "Questa voce è rilassante." Nessuno chiese chi fosse, e per lui era perfetto.

Con la crescita dell'account Adrian ampliò il progetto. Creò un diario digitale basato sui suoi script utilizzando Canva, lo combinò con una serie di affermazioni audio rilassanti generate con ElevenLabs e lo vendette come download da 19 dollari su Gumroad. Quando qualcuno lo acquistava, lui non doveva fare nulla: tutto era automatizzato. Aggiunse una checklist gratuita chiamata "Daily Reset" come lead magnet e costruì una sequenza di email su MailerLite che promuoveva il diario, il pacchetto audio e successivamente il suo primo corso digitale sulla resilienza emotiva, narrato dall'IA e distribuito su Teachable.

Dopo sei mesi Adrian aveva più di 30.000 iscritti alla sua lista email, oltre 500.000 follower complessivi sulle piattaforme social e guadagnava ogni mese più di quanto guadagnasse nel suo precedente lavoro a tempo pieno. Non aveva mai registrato un video, non aveva mai mostrato il suo volto e non aveva mai parlato direttamente davanti a un microfono.

Il brand di Adrian divenne una sorta di rifugio digitale: senza volto, ma pieno di significato. Le persone non seguivano lui, ma la sensazione che i suoi contenuti creavano. La sua energia calma, amplificata dall'intelligenza artificiale, si era trasformata in un business. Una voce per chi non riusciva a parlare. Una presenza senza presenza.

Quando qualcuno gli chiedeva se un giorno sarebbe apparso davanti alla telecamera, Adrian sorrideva e rispondeva semplicemente: "Il messaggio conta più del messaggero." L'intelligenza artificiale gli aveva dato la libertà di costruire il suo progetto in silenzio, lasciando che il suo brand parlasse ad alta voce per chi aveva bisogno di ascoltarlo.

Capitolo 10: Il Tuo Piano di Libertà a Lungo Termine con l'IA — Scalare, Concedere in Licenza o Uscire

Una volta costruita la tua prima fonte di reddito alimentata dall'intelligenza artificiale, il passo successivo è pensare al lungo termine. Che cosa vuoi che diventi questo progetto? Un'attività secondaria? Un business che supporta il tuo stile di vita? Oppure un asset digitale che potrai un giorno vendere? Questo capitolo finale riguarda proprio la trasformazione del tuo lavoro con l'IA in una forma duratura di libertà, sia che tu scelga di scalare il business, concedere in licenza le tue creazioni o prepararti a vendere l'intera attività per una somma significativa.

Scalare significa aumentare l'impatto e il reddito senza aumentare il tempo che devi dedicare al lavoro. Con l'intelligenza artificiale questo è estremamente possibile. Puoi scalare creando pacchetti di prodotti digitali, riutilizzando i contenuti su più piattaforme, offrendo versioni premium oppure lanciando i tuoi prodotti in più lingue. Per esempio, un corso digitale creato una sola volta con ChatGPT e Synthesia può essere tradotto e registrato nuovamente in spagnolo, francese o tedesco utilizzando strumenti di voce AI. Lo stesso corso può poi essere venduto su diverse piattaforme contemporaneamente, come Udemy, Teachable o Gumroad, generando più flussi di reddito partendo dallo stesso prodotto.

Un altro modo per scalare è attraverso l'automazione e la delega digitale. Puoi utilizzare strumenti come Zapier, Chatbase e MailerLite per gestire vendite, assistenza clienti e marketing, liberando il tuo tempo per concentrarti su nuove idee. Una volta che il tuo business genera entrate costanti, puoi reinvestire per migliorare i sistemi o assumere aiuto per quelle poche attività che l'intelligenza artificiale non gestisce ancora perfettamente, come design personalizzati o modifiche manuali. Molti business gestiti da una sola persona e supportati dall'IA riescono a raggiungere tra 5.000 e 20.000 dollari al mese con solo poche ore di manutenzione settimanale e costi operativi minimi.

Un'altra strategia intelligente per il lungo periodo è la concessione di licenze. Se hai creato un asset digitale utile, come una libreria di video educativi, una serie di workbook o un archivio di voiceover specializzati, puoi concederne l'utilizzo ad altre aziende, coach, scuole o creatori di contenuti. Invece di vendere prodotti una sola volta, offri diritti di utilizzo in cambio di pagamenti ricorrenti. L'intelligenza artificiale ti permette di creare e personalizzare questi asset molto più velocemente, e piattaforme come Gumroad o Podia ti consentono di controllare accessi e prezzi.

Infine esiste un'opportunità spesso sottovalutata: vendere il tuo business digitale. Proprio come un immobile, anche un business online può diventare un asset di valore vendibile. Siti come Flippa, Empire Flippers e MicroAcquire ospitano migliaia di attività digitali in vendita, tra cui canali YouTube senza volto, negozi Etsy, librerie di eBook e siti web alimentati dall'IA. Se il tuo business ha traffico costante, entrate regolari, sistemi automatizzati e un pubblico in crescita, può valere tra 12 e 36 volte il profitto mensile. Questo significa che un business che guadagna 2.000 dollari al mese potrebbe essere venduto tra 24.000 e 72.000 dollari o anche di più.

Che tu voglia scalare, concedere licenze o vendere il tuo progetto, la chiave è trattare il tuo brand alimentato dall'IA come un vero business fin dall'inizio. Utilizza strumenti per monitorare le prestazioni, mantieni i tuoi sistemi organizzati e rimani concentrato nel creare valore reale. Il denaro arriverà di conseguenza. Ma soprattutto arriverà la libertà: quella che ti permette di lavorare alle tue condizioni, da qualsiasi luogo del mondo, con solo un laptop e pochi strumenti di intelligenza artificiale.

La storia di Ethan dimostra quanto questo percorso possa essere potente. Ethan iniziò con un solo eBook. Era una guida di circa quaranta pagine chiamata *Mastering Remote Work*, scritta interamente con l'aiuto di ChatGPT. La impaginò con

Canva, aggiunse una copertina semplice e la mise in vendita su Gumroad. Nel primo mese guadagnò 142 dollari. Non era una cifra straordinaria, ma era la prova che qualcuno era disposto a pagare per qualcosa che aveva creato. Incoraggiato, continuò. Nei tre mesi successivi creò altre tre guide: una sulla produttività, una sugli strumenti di IA per freelance e una su come costruire portfolio online. Utilizzò ChatGPT per scrivere i contenuti, ElevenLabs per narrare le versioni audiolibro e Pictory per creare video promozionali. Poi riunì tutto in una serie di prodotti digitali chiamata *The Digital Work Toolkit* e lanciò un sito web per presentarli.

Le vendite iniziarono a crescere. Ethan configurò sequenze email automatiche con MailerLite per seguire i clienti, offrire pacchetti di prodotti e distribuire contenuti gratuiti come lead magnet. Utilizzò Zapier per collegare Gumroad a Google Sheets e tracciare ogni acquirente, integrando i dati con la sua lista email. Nel giro di sei mesi la sua piccola libreria di prodotti generava circa 1.500 dollari al mese. Non aveva un team. Non passava ore a creare contenuti. Gli strumenti di IA facevano gran parte del lavoro e non richiedevano stipendio né ferie.

Ma Ethan non si limitò alla vendita diretta. Iniziň a ricevere messaggi da piccoli imprenditori che chiedevano se potevano utilizzare i suoi contenuti per formare i loro team che lavoravano da remoto. Fu allora che scoprì il modello delle licenze. Riscrisse la sua collezione di eBook in formato white-label e iniziò a offrirla alle aziende con una tariffa una tantum o con licenza annuale. Utilizzando una semplice landing page costruita con Carrd e un link di pagamento, chiuse tre accordi aziendali in un solo mese, ognuno del valore di 1.000 dollari. Era passato dai clienti individuali a clienti aziendali ricorrenti. Con l'IA poteva aggiornare e adattare rapidamente i contenuti. Usava ChatGPT per riscrivere sezioni per settori specifici ed ElevenLabs per creare narrazioni personalizzate con toni e accenti diversi.

Con la crescita della sua libreria di prodotti e licenze, cresceva anche il suo pubblico. Il suo canale YouTube senza volto, dove pubblicava riepiloghi narrati delle sue guide, superò i 10.000 iscritti. La sua lista email raggiunse 25.000 contatti. Aveva costruito qualcosa di reale, qualcosa che non dipendeva più dal suo tempo. Era automatizzato, globale e in continua crescita.

Poi, nel secondo anno, Ethan fece qualcosa di audace: vendette tutto. Mise il suo business digitale in vendita su Flippa. Nel giro di poche settimane ricevette tre offerte. Uno degli acquirenti era un'azienda specializzata nella formazione di team remoti. Apprezzavano il fatto che il contenuto fosse generato con l'IA, automatizzato e già monetizzato attraverso più flussi: eBook, audiolibri, licenze, pubblicità su YouTube ed email marketing. Dopo alcune trattative concordarono il prezzo finale: 72.000 dollari.

Per Ethan sembrava quasi irreale. Un business costruito con strumenti gratuiti, qualche fine settimana tranquillo e una semplice idea era stato venduto per più di due anni del suo precedente stipendio messi insieme. E tutto questo senza registrare un singolo video, assumere un dipendente o raccogliere capitali.

Quando gli chiedevano come fosse stato possibile, Ethan non parlava di fortuna o genialità. Diceva semplicemente: "L'ho trattato come un asset. L'ho costruito pensando alla fine. L'intelligenza artificiale ha solo reso tutto più veloce."

Dopo la vendita Ethan si prese sei mesi di pausa per viaggiare. Ma non aveva intenzione di fermarsi. Aveva già iniziato a progettare il suo prossimo progetto basato sull'IA, questa volta in una nicchia diversa, con più automazione e una visione ancora più grande. Perché una volta che hai visto cosa può fare l'intelligenza artificiale non solo per il tuo reddito, ma per il tuo tempo, la tua libertà e il tuo futuro, non torni più indietro. Non ti chiedi più "E se?". Inizi a chiederti: "Qual è il prossimo progetto?".

Riepilogo Conclusivo

L'intelligenza artificiale non è più un concetto lontano né uno strumento riservato agli esperti. È qui, è accessibile ed è pronta a lavorare per te. In questo libro hai imparato come l'IA possa aiutarti a scrivere, progettare, parlare, automatizzare, vendere e crescere, senza avere una formazione tecnica, senza apparire davanti alla telecamera e spesso senza spendere più di pochi dollari. Che il tuo obiettivo sia guadagnare un reddito extra, ottenere totale libertà di tempo o costruire un business che un giorno potrai vendere, il percorso è chiaro: inizia in modo semplice, costruisci sistemi e usa l'intelligenza artificiale come il tuo team.

Hai visto come persone comuni — genitori, insegnanti, creativi e professionisti — abbiano utilizzato l'IA per trasformare le loro vite. Hai imparato quali strumenti hanno usato, quali passi hanno seguito e quale mentalità hanno adottato. L'intelligenza artificiale non sostituisce l'ambizione. La amplifica. Prende le tue idee, la tua voce e la tua prospettiva e le trasforma in prodotti, business e brand capaci di raggiungere il mondo.

Questo non è la fine del tuo percorso. È il punto di partenza. Ora hai le basi, l'ispirazione e una roadmap chiara. Il prossimo passo dipende da te.

Parole Finali dell'Autore, Joe Correa

Se sei arrivato fin qui, grazie. Hai investito la tua risorsa più preziosa — il tuo tempo — e non lo do per scontato. Quando ho scoperto per la prima volta gli strumenti di intelligenza artificiale, non sapevo bene cosa aspettarmi. Non avevo un grande team, un'agenzia di marketing o grandi capitali. Quello che avevo era il desiderio di costruire qualcosa di reale, qualcosa che potessi controllare. E l'IA mi ha dato quella possibilità.

Da allora ho creato corsi, libri, prodotti digitali e business automatizzati che raggiungono persone in tutto il mondo — molti dei quali costruiti in momenti tranquilli da casa, usando strumenti gratuiti o economici. Non lo dico per impressionarti, ma per farti capire che se posso farlo io, puoi farlo anche tu.

Non devi essere un genio della tecnologia. Non hai bisogno del permesso di nessuno. Quello di cui hai bisogno è chiarezza, costanza e il coraggio di fare il primo passo, anche se imperfetto. L'intelligenza artificiale non può sostituire la tua creatività o la tua voce, ma può moltiplicare la tua portata e liberare il tuo tempo, permettendoti di concentrarti su ciò che conta davvero.

Mentre prosegui il tuo percorso, ti incoraggio ad agire. Scegli un metodo, uno strumento o un'idea di questo libro e costruisci qualcosa questa settimana. Non un giorno — questa settimana. Perché una volta fatto il primo passo, anche se imperfetto, lo slancio arriverà.

La tua libertà non nasce dall'attesa. Nasce dal creare.

Ecco il tuo viaggio: da principiante curioso a creatore sicuro di sé fino a imprenditore digitale.

Costruiamo il tuo impero di reddito con l'intelligenza artificiale — una mossa intelligente alla volta.

www.ingramcontent.com/pod-product-compliance
Lightning Source LLC
LaVergne TN
LVHW050757051026
849532LV00008B/2890